J'ai vu ...

*A mon frère Martin
et à mes parents Assia et Grigor.*

Nous remercions
le Département municipal des affaires culturelles
de Genève pour son aimable soutien.

Mise en page : Yassen Grigorov

© Editions La Joie de lire SA
8, cours des Bastions, CH - 1205 Genève
Tous droits réservés pour tous pays
ISBN 2-88258-123-8. Dépôt légal : octobre 1998
Imprimé à Singapour

J'ai vu...

Une comptine populaire illustrée par
Yassen Grigorov

LA JOIE DE LIRE

...qui fendait du bois avec son nez carré.

…qui coiffait sa fille pour aller danser.

…qui patinait sur la glace en plein cœur de l'été.

J'ai vu une grenouille…

…qui faisait rafouille en haut d'un rocher.

J'ai vu

    un gros bœuf…

…qui s'envolait aux cieux
dans un panier percé.

Compère, vous mentez…

dans la même collection :

ABC, les flocons blancs tombaient…
Rotraut S. Berner
Ailleurs, au même instant…
Tom Tirabosco
Chaque soir quand je vais dormir…
Jutta Bauer
Les dix petits harengs
Wolf Erlbruch
Les Fonds de poches
Tom Tirabosco
Les trois Chinois avec la contrebasse
Luis Murschetz
Sombre nuit…
Hans Traxler, Nelly Singer